VENTE A. DIOT

Par suite de décès

HOTEL DROUOT, SALLE N° 1

Les Lundi 8 et Mardi 9 Mars 1897

à deux heures

TABLEAUX

AQUARELLES ET DESSINS

MODERNES

BRONZES DE BARYE

MODÈLES, CIRES, PLATRES

Épreuves anciennes et modernes

IMPORTANTS

BRONZES DE RODIN

Me LÉON TUAL	MM. ARNOLD & TRIPP
COMMISSAIRE-PRISEUR	EXPERTS
56, rue de la Victoire, 56	8, rue Saint-Georges, 8

EXPOSITION PUBLIQUE

Le Dimanche 7 Mars 1897, de 1 h. 1/2 à 5 h. 1/2

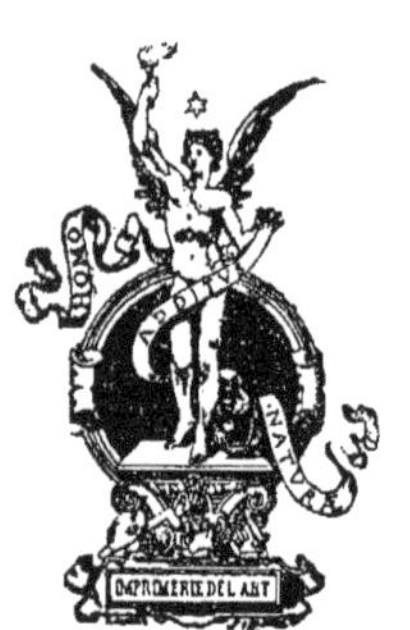
HONO
APO
NATVRE
IMPRIMERIE DEL ART

CATALOGUE

DE

TABLEAUX

Aquarelles et Dessins modernes

PAR

Boggs, F. Bonvin, Boudin, Corot, Ch. Daubigny
Daumier, Diaz, J. Dupré, Henner, Hervier, Jongkind, Isabey
Manet, J.-F. Millet, Monet, Monticelli, Roybet, Sisley
Th. Rousseau, Vollon, Ziem, etc.

BRONZES DE BARYE

Modèles, Épreuves anciennes et modernes

BRONZES IMPORTANTS DE RODIN

DONT LA VENTE AURA LIEU

PAR SUITE DU DÉCÈS DE M. DIOT

Marchand de Tableaux

HOTEL DROUOT, SALLE N° 1

Les Lundi 8 et Mardi 9 Mars 1897

à deux heures

M° LÉON TUAL	**MM. ARNOLD & TRIPP**
COMMISSAIRE-PRISEUR	EXPERTS
56, rue de la Victoire, 56	8, rue Saint-Georges, 8

EXPOSITION PUBLIQUE

Le Dimanche 7 Mars 1897, de 1 heure 1/2 à 5 heures 1/2

CONDITIONS DE LA VENTE

Elle sera faite au comptant.

Les acquéreurs paieront *cinq pour cent* en sus des adjudications.

Paris. — Imp. de l'Art, E. Moreau et Cⁱᵉ, 41, rue de la Victoire.

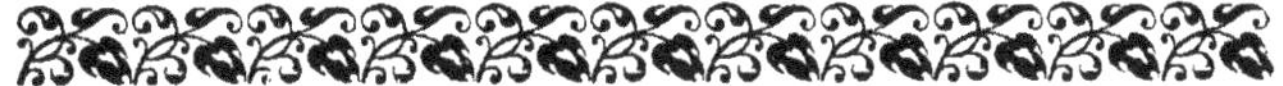

Au mois de septembre dernier est mort, à Paris, M. Aimé Diot, marchand de tableaux, 43, rue Laffitte.

Cette mort, que ni l'âge ni la santé de M. Diot ne pouvaient faire prévoir, a produit dans le milieu où il vivait une douloureuse surprise.

M. Diot était très estimé de ses confrères et de ses clients autant pour sa probité et la droiture de son caractère que pour l'étendue et la sûreté des connaissances spéciales qu'il s'était acquises.

Aussi les témoignages les plus unanimes et les plus mérités ont-ils été apportés à sa famille au lendemain de son décès.

M. Diot était surtout un marchand de tableaux modernes.

S'il s'était appliqué à réunir dans ses magasins des œuvres des maîtres de 1830, il ne s'en était point tenu exclusivement aux plus marquantes et aux plus recherchées, et ne s'était pas restreint non plus à certains noms qui, aux yeux d'un grand nombre d'amateurs, semblent avoir concentré sur leurs œuvres seules tout l'art de cette époque.

On trouvait donc chez lui, à côté de toiles des grands maîtres, les productions de peintres moins célèbres, mais d'un réel talent, appartenant, eux aussi, à l'école de 1830, ou qui ont vécu depuis.

C'était, sous ce rapport, pour les amateurs modestes

qu'effraient les grosses enchères, une ressource précieuse et toujours ouverte que les magasins de M. Diot.

En dehors de ses préférences pour les tableaux modernes, M. Diot avait une prédilection, un véritable culte pour le sculpteur animalier Barye.

Il possédait de lui, outre des œuvres originales, un grand nombre de modèles qu'il avait trouvés ou qui lui avaient été cédés par la famille de l'illustre artiste, modèles qu'il a fait reproduire avec la plus scrupuleuse exactitude, et qu'il a ainsi sauvés de la destruction ou de l'oubli.

La vente volontairement faite aujourd'hui, dont on lira ci-après le catalogue, contient d'excellents tableaux de peintres français contemporains tous d'une authenticité incontestable, en même temps que des œuvres originales et des reproductions de Barye.

Les délicats y trouveront encore une réunion intéres· sante d'esquisses de ces mêmes peintres dont M. Diot avait tout particulièrement recherché les œuvres, des esquisses de Daumier par exemple, pour ne citer que celui-là.

Il ne nous paraît pas nécessaire d'entrer dans de plus longs détails à propos de cette vente, le nom seul de celui qui en a rassemblé les éléments étant pour les amateurs la meilleure des garanties.

Aug. Dalligny.

DÉSIGNATION

TABLEAUX

BOGGS

1 — *Isigny.*

Haut., 39 cent.; larg., 57 cent.

2 — *Grandcamp. Marée basse.*

Haut., 39 cent.; larg., 55 cent.

3 — *Grandcamp. Bateau au radoubage.*

Haut., 39 cent.; larg., 56 cent.

4 — *Grandcamp. La Flotte.*

Haut., 33 cent.; larg., 47 cent.

5 — *Grandcamp. Le Marché.*

Haut., 55 cent.; larg., 62 cent.

6 — *La Meuse.*

Haut., 46 cent.; larg., 65 cent.

7 — *Canal en Hollande.*

Haut., 40 cent.; larg., 56 cent.

BOGGS

8 — *Saint-Germain-des-Prés.*

Haut., 64 cent.; larg., 67 cent.

9 — *Vue de Dordrecht.*

Haut., 51 cent.; larg., 66 cent.

BONVIN (F.)

10 — *Intérieur breton.*

Haut., 33 cent.; larg., 25 cent.

11 — *Le Déjeuner.*

Haut., 52 cent.; larg., 34 cent.

12 — *La Cuisinière.*

Haut., 25 cent.; larg., 16 cent.

13 — *Botte d'asperges.*

Haut., 82 cent.; larg., 60 cent.

14 — *Intérieur paysan.*

Haut., 31 cent.; larg., 28 cent.

BOUDIN

15 — *La Plage de Trouville.*

Haut., 00 cent.; larg., 00 cent.

16 — *Saint-Valery-sur-Somme.*

Haut., 42 cent.; larg., 56 cent.

17 — *Une rue, à Oisèmes.*

Haut., 40 cent.; larg., 55 cent.

BOUDIN

18 — *Canal à Saint-Valery-sur-Somme; effet de lune.*

Haut., 40 cent.; larg., 55 cent.

19 — *Écluse à Saint-Valery-sur-Somme; effet de lune.*

Haut., 40 cent.; larg., 55 cent.

20 — *L'Église de Quillebœuf.*

Haut., 26 cent.; larg., 41 cent.

21 — *Les Montagnes de l'Esterel.*

Haut., 26 cent.; larg., 41 cent.

22 — *Le Passage du bac à Plougastel.*

Haut., 23 cent.; larg., 36 cent.

23 — *La Rade du Havre.*

Haut., 37 cent.; larg., 45 cent.

24 — *Petit canal à Quillebœuf.*

Haut., 40 cent.; larg., 55 cent.

25 — *Le Bourg de Toucques.*

Haut., 36 cent.; larg., 59 cent.

26 — *L'Église de Quillebœuf.*

Haut., 46 cent.; larg., 65 cent.

27 — *Les Rochers, à Camaret.*

Haut., 38 cent.; larg., 61 cent.

28 — *La Rade du Havre.*

Haut., 35 cent.; larg., 46 cent.

BOUDIN

29 — *Étretat.*

> Haut., 32 cent.; larg., 40 cent.

3o — *Venise. Canal de la Gandara.*

> Haut., 46 cent.; larg., 37 cent.

BOULARD

3i — *Portrait de Mme Daumier.*

CALS

32 — *Rue, à Honfleur.*

COROT

33 — *Aux Mabilliers, près Limoges.*

Étude pour le tableau *la Solitude*, exposé au Salon de 1866.

> Forme ovale. Haut., 41 cent.; larg., 55 cent.

(*Vente Corot, n° 117 du Catalogue.*)

34 — *A Isigny.*

Étude pour le tableau *la Bacchante*, exposé au Salon de 1865.

Gravé d'après un dessin d'A. Robaut, dans *les Artistes célèbres*, par Roger Milès.

> Haut., 55 cent.; larg., 41 cent.

(*Vente Corot, n° 165 du Catalogue.*)

35 — *Falaises.*

> Haut., 12 cent.; larg., 24 cent.

COROT

36 — *Femme au tambour de basque.*

Haut., 55 cent.; larg., 42 cent.

COUTURE

37 — *Troubadour.*

COUTURIER

38 — *Le Poulailler.*

Haut., 81 cent.; larg., 1 m. 6 cent.

DAUBIGNY (C.)

39 — *Paysage.*

Haut., 16 cent.; larg., 29 cent.

40 — *La Bergère.*

Haut., 52 cent.; larg., 48 cent.

41 — *Pommiers en fleurs.*

Haut., 25 cent.; larg., 43 cent.

42 — *Pâturage.*

Haut., 22 cent.; larg., 35 cent.

43 — *Intérieur d'étable.*

DAUMIER (H.)

44 — *A l'Orchestre.*

Haut., 31 cent.; larg., 41 cent.

45 — *Chevaux.*

Esquisse.

Haut., 50 cent.; larg., 59 cent.

DAUMIER (H.)

46 — *Tête de jeune fille.*

> Haut., 24 cent.; larg., 21 cent.

47 — *Forgeron.*

> Haut., 00 cent.; larg., 00 cent.

48 — *Artiste à son chevalet.*

> Haut., 17 cent.; larg., 15 cent.

49 — *Sancho.*

Esquisse.

> Haut., 56 cent.; larg., 46 cent.

5o — *Au Théâtre.*

> Haut., 22 cent.; larg., 27 cent.

51 — *Dans une loge de Théâtre.*

> Haut., 33 cent.; larg., 40 cent.

52 — *Deux personnages.*

Étude.

> Haut., 32 cent.; larg., 41 cent.

53 — *Le Modèle.*

Esquisse.

> Haut., 82 cent.; larg., 65 cent.

54 — *Portrait de l'auteur.*

> Haut., 20 cent.; larg., 15 cent.

55 — *Chevaux au râtelier.*

> Haut., 46 cent.; larg., 55 cent

DELACROIX (Eᵤɢ.)

56 — *Costume grec.*

Haut., 40 cent.; larg., 30 cent.

DEMONT-BRETON (Mᵐᵉ Vɪʀɢɪɴɪᴇ)

57 — *Tête d'étude.*

Haut., oo cent.; larg., oo cent.

DIAZ (N.)

58 — *Fleurs et oiseaux.*

Esquisse pour panneau décoratif.

Haut., 33 cent.; larg., 23 cent.

DUPRÉ (Jᴜʟᴇs)

59 — *Environs de Plymouth.*

Tableau de la première manière.

Haut., 54 cent.; larg., 73 cent.

60 — *Intérieur campagnard.*

Haut., oo cent.; larg., oo cent.

61 — *Les Cabanes de Cayeux (Somme).*

Haut., 25 cent.; larg., 34 cent.

(Provient de la vente Carvalho.)

ENTRAYGUES (D')

62 — *Le Chien ami.*

63 — *L'Invasion.*

GEGERFELT (De)

64 — *Rivière en Norvège.*

HENNER

65 — *Femme nue couchée au bord d'un étang.*

Haut., 19 cent.; larg., 27 cent.

HERVIER

66 — *Intérieur paysan. La Nourrice.*

Haut., 00 cent.; larg., 00 cent.

67 — *Paysage sous bois.*

Haut., 21 cent.; larg., 27 cent.

68 — *Intérieur d'église.*

Haut., 00 cent.; larg., 00 cent.

69 — *La Foire à Coutances.*

Haut., 35 cent.; larg., 41 cent.

70 — *La Rue Pirouette, à Paris.*

Haut., 35 cent.; larg., 20 cent.

71 — *Place de Marché.*

Haut., 27 cent.; larg., 35 cent.

72 — *Femme lavant.*

Haut., 13 cent.; larg., 11 cent.

73 — *Une cour.*

Haut., 19 cent.; larg., 24 cent.

74 — *Rue de Nevers.*

Haut., 33 cent.; larg., 24 cent.

HERVIER

75 — *Paysage d'automne.*

Haut., 19 cent.; larg., 24 cent.

76 — *Cour de ferme.*

Haut., 41 cent.; larg., 33 cent.

77 — *Porcs à l'étable.*

Haut., 14 cent.; larg., 22 cent.

78 — *Un Port.*

Haut., 27 cent.; larg., 22 cent.

79 — *Ruelle aux pourceaux.*

Haut., 00 cent.; larg., 00 cent.

80 — *Un Coin de ferme.*

Haut., 43 cent.; larg., 33 cent.

HOGUET

81 — *La Mère Marianne.*

82 — *La Tempête.*

ISABEY (Eug.)

83 — *Petit Port de pêcheurs.*

Haut., 23 cent.; larg., 58 cent.

JONGKIND (J.-B.)

84 — *La Seine à Charenton.*

Haut., 24 cent.; larg., 32 cent.

(Provient de la vente après décès de Jongkind.)

JONGKIND (J.-B.)

85 — *Étretat ; effet du matin.*

Haut., 32 cent.; larg., 40 cent.

(Provient de la vente après décès de Jongkind.)

86 — *Falaises.*

Haut., 24 cent.; larg., 22 cent.

87 — *Rotterdam ; effet de lune.*

Haut., 33 cent.; larg., 47 cent.

88 — *Effet de lune.*

Daté 1883.

Haut., 27 cent.; larg., 42 cent.

89 — *Les Canotiers.*

Haut., 34 cent.; larg., 57 cent.

90 — *Château-fort dans le Nivernais.*

Haut., 39 cent.; larg., 57 cent.

91 — *Une Ferme.*

Haut., 30 cent.; larg., 45 cent.

KREYDER (A.)

92 — *Raisins.*

Esquisse du Salon de 1889.

Haut., 45 cent.; larg., 65 cent.

93 — *Raisins blancs et roses.*

Haut., 49 cent.; larg., 65 cent.

94 — *Corbeille de raisins.*

Salon de 1889.

Haut., 88 cent.; larg., 1 m. 21 cent.

95 — *Roses.*

Haut., 49 cent.; larg., 35 cent.

MANET

96 — *L'Iroquois.*

Au dos de la toile se trouve une attestation écrite de la main de Mme Ve Manet.

Haut., 80 cent.; larg., 1 m. 11 cent.

METTLING

97 — *La Ménagère.*

Haut., 39 cent.; larg., 30 cent.

98 — *Apprenti étameur.*

Haut., 29 cent.; larg., 39 cent.

99 — *Ménagère récurant.*

Haut., 50 cent.; larg., 61 cent.

100 — *Chez le Rétameur.*

Haut., 59 cent.; larg., 71 cent.

MICHEL

101 — *Paysage.*

Haut., 25 cent.; larg., 34 cent.

CLAUDE MONET

102 — *Une Rue.*

Haut., 56 cent.; larg., 62 cent.

MONTICELLI

103 — *La Danse sous bois ; effet d'automne.*

MONTICELLI

104 — *Groupe de femmes sous les arbres.*

> Haut., 3o cent.; larg., 45 cent.

105 — *Faust et Marguerite.*

> Haut., 34 cent.; larg., 22 cent.

106 — *Bouquet de Roses.*

107 — *Les Amours.*

Grisaille.

108 — *Sous Bois; effet d'automne.*

> Haut., 7o cent.; larg., 47 cent.

NORBERT-GŒNEUTTE

109 — *Le Boulevard de Clichy; effet de neige.*

> Haut., 58 cent.; larg., 73 cent.

PELOUSE (L.-G.)

110 — *La Seine à Vétheuil.*

> Haut., 38 cent.; larg., 55 cent.

REYNAUD (F.)

111 — *La Jeune Ménagère.*

112 — *Grandcamp (Calvados).*

113 — *Grandcamp (Calvados).*

RIBOT (Th.)

114 — *Côte de bœuf, nature morte.*

> Haut , 34 cent.; larg., 46 cent.

RICHET (L.)

115 — *Route en Forêt.*

ROYBET

116 — *Page moyen-âge.*

Grisaille.

117 — *Tête de Vieillard.*

Haut., 40 cent.; larg., 32 cent.

SISLEY

118 — *Le Chemin des Remparts, à Moret.*

Haut., 54 cent.; larg., 73 cent.

119 — *Le Canal du Loing; l'Écluse.*

Haut., 60 cent.; larg., 73 cent.

TASSAERT

120 — *Mirabeau et M. de Dreux-Brézé.*

Haut., 76 cent.; larg., 1 m. 3 cent.

(Collection A. Dumas.)

VAN ELVEN

121 — *Une Rue au Caire.*

VILLAIN

122 — *L'Oiseau mort.*

VINCELET

123 — *Dessus de porte ; attributs.*
> Esquisse.

124 — *Pot de fleurs.*
> Haut., 36 cent.; larg., 20 cent.

125 — *Fleurs.*
> Haut., 27 cent.; larg., 35 cent.

126 — *Fleurs.*
> Esquisse.
> Haut., 46 cent.; larg., 38 cent.

127 — *Bouquet de fleurs.*

128 — *Fleurs.*
> Esquisse.
> Haut., 46 cent.; larg., 38 cent.

VOLLON (A.)

129 — *Pot de fleurs ; pensées.*
> Haut., 46 cent.; larg., 38 cent.

130 — *Le Cochon.*
> Haut., 83 cent.; larg., 67 cent.
> (*Salon 1875.*)

ZIEM

131 — *Le Moulin.*
> Étude.
> Haut., 23 cent.; larg., 30 cent.

AQUARELLES ET DESSINS

BONVIN (F.)

132 — *Femme au cabas.*

Dessin.

(*Vente Ed. Frère.*)

133 — *Le Forgeron.*

Dessin.

134 — *Jeune Fille allant à l'école.*

Aquarelle.

135 — *Vieille Femme au rouet.*

Dessin.

136 — *Le Porteur d'eau.*

Dessin.

(*Collection Bellino.*)

137 — *Vieille Femme lisant.*

Dessin.

BOUDIN

138 — *Village au bord de la mer.*

Aquarelle.

139 — *Bain de mer.*

Aquarelle.

DAUMIER (H.)

140 — *Wagon de 3ᵉ classe.*
Dessin.

141 — *Deux têtes d'hommes.*
Dessin à la plume.

DEGAS

142 — *Jeune fille écrivant.*
Pastel.

Haut., 61 cent.; larg., 5o cent.

FANTIN-LATOUR

143 — *La Leçon de dessin.*
Dessin.

GAUTIER (Amand)

144 — *La Promenade des Frères.*
Dessin.

HERVIER

145 — *Maison et Moulin à Montmartre.*
Dessin crayon.

146 — *Intérieur paysan.*
Aquarelle.

147 — *Femmes et Enfant.*
Aquarelle.

HERVIER

148 — *Intérieur de cour.*

Aquarelle.

149 — *Étude.*

Aquarelle.

150 — *Porteuses de fagots.*

Dessin à la plume.

151 — *Groupe de Femmes.*

Dessin à la plume daté 1864.

152 — *Croquis plume et aquarelle.*

Daté 1870.

153 — *Groupe de Femmes.*

Dessin à la plume et aquarelle daté 1857.

ISABEY (Eug.)

154 — *Disparition.*

Aquarelle.

JONGKIND (J.-B.)

AQUARELLES

155 — *Magny-le-Cour (29 septembre 1872).*

156 — *Pupetières (4 septembre 1875).*

157 — *Saint-Éloy (30 septembre 1874).*

JONGKIND (J.-B.)

158 — *Honfleur (22 septembre 1866).*

159 — *Anvers (29 septembre 1868).*

160 — *Église de campagne.*

161 — *Balbins (20 mars 1882).*

162 — *La Colline (1877).*

·163 — *Col de Balbins, à Ornacieux (5 décembre 1885).*

164 — *Marine.*

165 — *Pantin (12 mai 1868).*

166 — *Ornacieux (2 février 1880).*

167 — *Chapelle de Balbins (2 avril 1888).*

168 — *Vue du Dauphiné.*

169 — *Pâturages (17 septembre 1867).*

170 — *Chantier maritime (5 septembre 1865).*

171 — *Berger et son troupeau.*

172 — *Vue du Dauphiné (17 août 1882).*

173 — *Route dans le Nivernais (14 décembre 1880).*

174 — *A la Côte-Saint-André (Isère) (2 avril 1885).*

175 — *Marine (Honfleur) (2 octobre 1875).*

JONGKIND (J.-B.)

176 — *Étude de paysage (2 octobre 1885).*

177 — *Étude de paysage (24 avril 1868).*

178 — *La Côte-Saint-André.*

179 — *Le Havre.*

180 — *Marée basse.*

181 — *Saint-Valéry-en-Caux.*
  Dessin.

182 — *Le Chalet d'Alphonse Karr.*
  Dessin.

183 — *Le Port aux Vins.*
  Crayon.

MILLET (J. F.)

184 — *Croquis à la plume ; deux faces.*

185 — *La Tonte des Moutons.*
  Croquis.

186 — *La Baratteuse.*
  Calque, provient de la vente Robert.

187 — *Étagère de Cuisine.*
  Dessin au crayon noir.

188 — *Le Bûcheron.*
  Dessin au crayon.

MILLET (J.-F.)

189 — *La Baratteuse.*

Dessin au crayon.

190 — *Étude pour le tableau : Œdipe.*

Dessin au crayon.

191 — *Paysage avec moutons.*

Étude, crayon.

MONTICELLI

192 — *Dessin aux deux crayons.*

ROUSSEAU (Th.)

193 — *Sous bois.*

Dessin mine de plomb.

194 — *Rochers (Forêt de Fontainebleau).*

Dessin à la plume.

195 — *Forêt.*

Dessin au fusain.

Haut., 88 cent.; larg., 1 m. 25 cent.

(*Vente Th. Rousseau.*)

ROYBET

196 — *Dessinateur florentin.*

Dessin à la plume.

SISLEY

197 — *Effet de neige à Moret.*

Pastel.

Haut., 36 cent.; larg., 55 cent.

ZIEM

198 — *Chevaux au marais.*

Aquarelle.

BRONZES, CIRES & PLATRES

ŒUVRES DE BARYE

BRONZES

199 — *Napoléon Ier.*

Statue équestre, reproduction du projet de monument pour la ville de Grenoble.

Ayant figuré à l'Exposition des Œuvres de Barye aux Beaux-Arts en 1889, sous le n° 514.

(Il n'existe de ce bronze que trois exemplaires.)

200 — *La Chasse à l'élan.*

Modèle d'après le plâtre.

Haut., 55 cent.; plinthe, 39 cent.

(Exposé aux Beaux-Arts, Exposition Barye, sous le n° 497.)

201 — *Tigre surprenant une antilope.*
Avec deux plinthes.
Modèle d'après le plâtre.
(Exposé aux Beaux-Arts, Exposition Barye,
sous le n° 514.)

202 — *Cavalier arabe tuant un sanglier.*
Modèle d'après le plâtre.

203 — *Tom, lévrier d'Algérie.*
Modèle d'après le plâtre.

204 — *Lévrier couché.*
Modèle d'après le plâtre.

205 — *Ours dans son auge.*
Modèle d'après le plâtre.

206 — *Tête de chimpanzé (Jacques).*
Modèle d'après la cire.

207 — *Tête d'ours.*
Modèle d'après le plâtre.

208 — *Faon de biche.*
N° 1. Modèle d'après la cire.

209 — *Faon de biche.*
N° 2. Modèle d'après la cire.

210 — *Faon de biche.*
N° 3. Modèle d'après la cire.

211 — *Tête de Bonaparte, premier consul.*
Morceau de modèle bronze.

Haut., 12 cent. 1/2.

(Exposé aux Beaux-Arts sous le nº 535.)

212 — *Flambeau grec.*
Modèle bronze.

Haut., 27 cent. 1/2; plinthe, 11 cent. 1/2.

(Exposé aux Beaux-Arts sous le nº 537.)

213 — *Tortue.*
Modèle bronze.

Haut., 3 cent.; plinthe, 11 cent.

(Exposé aux Beaux-Arts sous le nº 570 bis.)

214 — *Brûle-parfums.*
Modèle.

(Exposé aux Beaux-Arts sous le nº 534.)

215 — *Gazelle d'Éthiopie.*
Modèle bronze.

216 — *Tigre surprenant une antilope.*
Patine antique. Très belle épreuve ancienne.

217 — *Singe monté sur un gnou.*
Patine antique. Épreuve ancienne.

218 — *Élan roulant une pierre.*
Patine antique. Épreuve ancienne.

219 — *Cheval demi-sang, tête baissée.*
Patine antique. Épreuve ancienne.

220 — *Cheval demi-sang, tête baissée.*
Patine médaille. Épreuve ancienne sur socle en marbre.

221 — *Cheval demi-sang, tête levée.*
Patine antique. Épreuve ancienne.

222 — *Chien en arrêt.*
Épreuve ancienne.

223 — *Braque.*
Épreuve ancienne, dorée.

224 — *Chien en arrêt.*
Épreuve ancienne.

225 — *Cerf dix cors.*
Épreuve ancienne. Patine médaille.

226 — *Cigogne montée sur tortue.*
Patine médaille. Épreuve ancienne montée sur socle marbre.

227 — *Lapin.*
Épreuve ancienne sur socle marbre blanc.

228 — *Série de quatre plaques.*
Épreuves anciennes. Patine médaille.

229 — *Autre série de quatre plaques.*
Épreuves anciennes. Patine médaille.

230 — *Une Plaque. Daim élancé.*
Épreuve ancienne. Patine médaille.

231 — *Tigre surprenant une antilope.*
N° 2. Patine médaille. Épreuve moderne.

232 — *Tigre dévorant une gazelle.*
Patine médaille. Épreuve moderne.

233 — *L'Éléphant d'Asie.*
Patine médaille. Épreuve moderne.

234 — *La Levrette couchée.*
Patine antique. Épreuve moderne.

235 — *Tom, lévrier d'Algérie.*
Patine médaille. Épreuve moderne.

236 — *Biche couchée.*
Patine antique. Épreuve moderne.

237 — *L'Élan.*
Patine antique. Épreuve moderne.

238 — *Panthère de l'Inde.*
Patine antique. Épreuve moderne.

239 — *Téte d'ours.*
Épreuve moderne.

240 — *Téte de chimpanzé.*
Épreuve moderne.

241 — *Petite Biche couchée.*
Épreuve moderne.

242 — *Gazelle d'Éthiopie.*
Épreuve moderne.

PLATRES

243 — *Napoléon I*[er].

Statue équestre.

244 — *Chasse à l'élan.*

245 — *Arabe au sanglier.*

246 — *Tigre surprenant une antilope.*

247 — *Tom, lévrier d'Algérie.*

Modèle plâtre.

Haut., 7 cent. 1/2; plinthe, 27 cent. 1/2.

(Exposé aux Beaux-Arts sous le n° 630.)

248 — *Ours dans son auge.*

Plâtre.

Haut., 14 cent.; plinthe, 17 cent.

(Exposé aux Beaux-Arts sous le n° 633.)

249 — *Tête d'ours.*

Plâtre.

Haut., 5 cent. 1/2; plinthe, 5 cent. 1/2.

(Exposé sous le n° 632.)

250 — *Lévrier couché.*

Modèle plâtre.

Haut., 7 cent. 1/2; plinthe, 27 cent. 1/2.

(Exposé aux Beaux-Arts sous le n° 630.)

CIRES

251 — *Cerf axis.*

252 — *Tête de chimpanzé (Jacques).*
(*Exposé aux Beaux-Arts sous le n° 639.*)

253 — *Faon de biche couché.*
N° 1.

254 — *Faon de biche couché.*
N° 2.

255 — *Faon de biche couché.*
N° 3.

256 — *Lièvre mort.*
(*Exposé aux Beaux-Arts sous le n° 649.*)

RODIN

BRONZES

257 — *Tête de Bellone.*
Montée sur socle en marbre griotte.

258 — *L'Appel aux armes.*
Groupe monté sur socle en marbre noir.

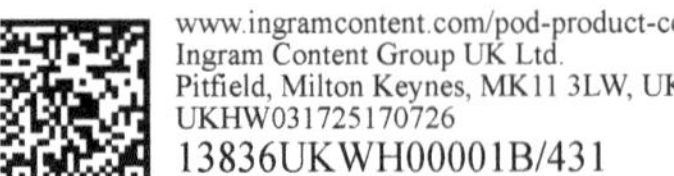